Savais-tu?

Les Requins

Savais-tu?

Les Requins

Alain M. Bergeron
Michel Quintin
Sampar

Illustrations de Sampar

ÉDITIONS
MICHEL
QUINTIN

Catalogage avant publication de Bibliothèque et Archives nationales du Québec et Bibliothèque et Archives Canada

Bergeron, Alain M.

   Les requins

   (Savais-tu? ; 36)
   Pour enfants de 7 ans et plus.
   ISBN 978-2-89435-369-1

   1. Requins - Ouvrages pour la jeunesse. 2. Requins - Ouvrages illustrés - Ouvrages pour la jeunesse. I. Quintin, Michel II. Sampar. III. Titre. IV. Collection: Bergeron, Alain M. Savais-tu? ; 36.

QL638.9.B47 2008   j597.3   C2007-942474-0

Révision linguistique : Sylvie Lallier, Éd. Michel Quintin
Infographie : Marie-Ève Boisvert, Éd. Michel Quintin

Le Conseil des Arts du Canada
The Canada Council for the Arts

SODEC Québec

Patrimoine canadien   Canadian Heritage

La publication de cet ouvrage a été réalisée grâce au soutien financier du Conseil des Arts du Canada et de la SODEC. De plus, les Éditions Michel Quintin bénéficient de l'aide financière du gouvernement du Canada par l'entremise du Programme d'aide au développement de l'industrie de l'édition (PADIÉ) pour leurs activités d'édition.

Gouvernement du Québec – Programme de crédit d'impôt pour l'édition de livres – Gestion SODEC

ISBN 978-2-89435-369-1

Dépôt légal - Bibliothèque et Archives nationales du Québec, 2008
Dépôt légal - Bibliothèque et Archives Canada, 2008

Éditions Michel Quintin
C.P. 340, Waterloo (Québec)
Canada J0E 2N0
Tél.:   450 539-3774
Téléc.: 450 539-4905
www.editionsmichelquintin.ca

0 8 - M L - 1

Imprimé au Canada

Savais-tu qu'il existe plus de 400 espèces de requins? Ces poissons cartilagineux occupent tous les océans, et certaines espèces, comme le requin-bouledogue, pénètrent même en eaux douces.

Savais-tu que la plupart des requins sont inoffensifs?
Seules une vingtaine d'espèces sont considérées comme
dangereuses pour l'homme. Les plus redoutables sont le

grand requin blanc, le requin-tigre, le requin-bouledogue et le requin océanique.

Savais-tu qu'on a plus de chance de mourir frappé par la foudre ou piqué par une abeille, d'être dévoré par un crocodile, tué par un hippopotame ou même de se noyer dans sa baignoire que de périr tué par un requin?

Savais-tu qu'à travers le monde, le nombre d'humains attaqués sans provocation par des requins est en moyenne de 63 par année? De ce nombre, c'est moins d'une dizaine qui en mourront.

Savais-tu que 80 % des espèces de requins mesurent moins de 2 mètres? Certains ne sont pas plus gros qu'une banane. Le requin-chat pygmée, l'un des plus petits requins, mesure une vingtaine de centimètres.

Savais-tu qu'avec ses 18 mètres, soit environ la longueur de deux autobus scolaires, le requin-baleine est le plus grand de tous les poissons? C'est le requin-pèlerin qui arrive au deuxième rang avec ses 12 mètres de long.

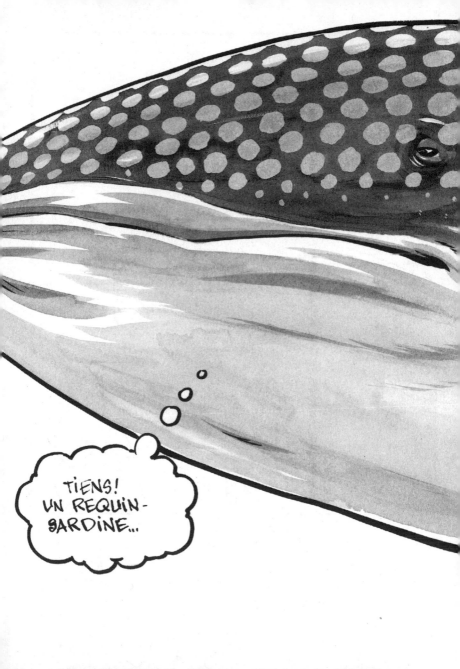

Savais-tu que ces 2 espèces de requins se nourrissent
seulement de plancton? En nageant la gueule ouverte
pour extraire les petits organismes de l'eau, ils peuvent

recueillir et filtrer l'équivalent de 13 000 baignoires d'eau par heure. La gueule du requin-baleine mesure environ 2 mètres de large.

Savais-tu que la plupart des requins mangent des poissons, des invertébrés, des mammifères marins et même d'autres requins?

Savais-tu qu'on a déjà trouvé dans l'estomac d'un requin des choses aussi surprenantes que des morceaux de chaise berçante? Dans d'autres cas, on a découvert des boîtes de

conserve, des bouteilles, des chaussures, des ceintures, des plaques d'immatriculation...

Savais-tu que les mâchoires d'un requin sont d'une puissance phénoménale? Comparées à celles de l'homme, les mâchoires du requin exercent une force de l'ordre de 3 000 kilogrammes contre seulement 10 kilogrammes par centimètre carré.

PEU IMPORTE : ON NE PEUT RÉSISTER À UN CITRON AMER!

Savais-tu que, selon l'espèce, les mâchoires des requins peuvent compter jusqu'à 3 000 dents? Bien que ces dernières soient réparties sur plusieurs rangées (de 6 à 20), l'animal

utilise seulement la ou les 2 premières pour se nourrir.
Toutes les autres sont des dents de remplacement.

Savais-tu que chaque dent usée ou abîmée est remplacée par celle qui la suit? Grâce à ce processus, la dentition des requins est toujours en parfait état. Tout au long de sa vie, un requin peut utiliser jusqu'à 30 000 dents.

Savais-tu que les yeux et les narines du requin-marteau sont situés à chaque extrémité de sa tête en forme de marteau? Pour voir devant lui, il doit balancer la tête de droite à gauche.

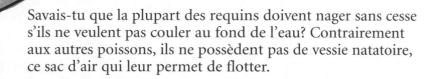

Savais-tu que la plupart des requins doivent nager sans cesse s'ils ne veulent pas couler au fond de l'eau? Contrairement aux autres poissons, ils ne possèdent pas de vessie natatoire, ce sac d'air qui leur permet de flotter.

Savais-tu que les requins ont un odorat d'une extrême finesse? Ils savent détecter des dilutions de sang de l'ordre d'une partie pour 100 millions de parties d'eau. Ils peuvent donc suivre une trace de sang sur des kilomètres.

JE ME DEMANDE SI C'ÉTAIT UNE BONNE IDÉE DE MANGER AVANT DE PLONGER?
AH! ARRÊTE DE T'INQUIÉTER POUR RIEN!

Savais-tu que certains requins nagent en comparant constamment les stimulations provenant de la narine droite avec celles provenant de la gauche? La différence

de concentration des odeurs leur permet de déterminer l'emplacement exact de leurs proies.

Savais-tu que la peau des requins renferme des récepteurs
sensibles aux champs électriques? Ces organes des sens leur
permettent de détecter les signaux électriques émis par les

muscles et les nerfs de leurs proies qu'ils peuvent ainsi aisément localiser.

Savais-tu que le grand requin blanc peut bondir hors de l'eau pour saisir une proie par surprise? Il utilise cette technique de chasse pour capturer, entre autres, des otaries.

Savais-tu que lorsqu'ils attaquent, plusieurs espèces de requins (dont le grand requin blanc) retournent leurs yeux dans leurs orbites pour les protéger? Pour un court

moment, ils ne voient donc plus la proie qu'ils se préparent
à mordre.

Savais-tu que pour réduire les risques de blessures lors de la chasse, le grand requin blanc ne mord sa victime qu'une seule fois? Il s'éloigne ensuite et attend qu'elle s'affaiblisse ou qu'elle meure pour la dévorer.

Savais-tu que plusieurs espèces, dont le grand requin blanc, peuvent rester plus d'un mois sans manger?

Savais-tu que selon les espèces, les femelles donnent naissance à leurs petits de 3 façons différentes? Certaines pondent leurs œufs directement dans l'eau où ils se

développeront, d'autres gardent leurs œufs en elles jusqu'à leur éclosion et d'autres encore mettent au monde des petits qui se sont développés dans leur utérus grâce à un placenta.

Savais-tu que certains « bébés » requins, dont le requin-taureau, le requin-taupe, le requin-renard et le grand requin blanc, peuvent faire du cannibalisme intra-utérin? Il arrive

en effet qu'à l'intérieur du ventre de leur mère, les embryons se dévorent entre eux.

J'AI ORDRE D'ENQUÊTER SUR LA DISPARITION D'UNE GARDIENNE D'ENFANTS...

Savais-tu que tous les requins sont autonomes dès leur naissance? Véritables copies conformes de leurs parents, ils savent déjà chasser, se nourrir et se défendre.

Savais-tu que les modifications de l'environnement et la pêche intensive rendent ces poissons vulnérables? Le grand requin blanc, le requin-pèlerin et le requin-baleine figurent aujourd'hui parmi les espèces les plus menacées des océans.

Savais-tu qu'il se tue 11 000 requins par heure? C'est donc près de 100 millions d'individus qui sont tués annuellement dans le monde.

Savais-tu qu'en Asie surtout, la soupe aux ailerons de requin est très populaire? Souvent, pour se procurer les ailerons, les pêcheurs découpent la nageoire et rejettent les requins

encore vivants à la mer, qui sont alors voués à une mort
certaine.

Savais-tu que dans certains pays, l'industrie du tourisme offre la possibilité de plonger avec le grand requin blanc? Cette activité se pratique dans une cage grillagée.

Savais-tu que, situés à la fin de la chaîne alimentaire, les requins jouent un rôle essentiel dans l'équilibre des écosystèmes marins? En effet, ces prédateurs éliminent les

animaux malades ou blessés et stabilisent les populations, tout comme le font les prédateurs terrestres tels les lions et les loups.

Ce livre a été imprimé sur du papier contenant 100 %
de fibres recyclées postconsommation, certifié Écolo-Logo
et Procédé sans chlore et fabriqué à partir d'énergie biogaz.

Ce tirage aura permis, à lui seul, de sauver
l'équivalent de 8 arbres matures.